AF603172

Vente les 26 et 27 Février 1868

# ANTIQUITÉS

ET

# MÉDAILLES

Exposition publique le Mardi 25 Février 1868.



Me CHARLES PILLET, COMMISSAIRE-PRISEUR | M. CARLE DELANGE, EXPERT

1868

# CATALOGUE

# D'ANTIQUITÉS

et

# MÉDAILLES

*Provenant de M. B..., de Naples*

**Vases; — Rhytons;**
**Très-belle Fresque antique; — Marbres; — Bronzes;**
**Médailles grecques et romaines.**

DONT LA VENTE AUX ENCHÈRES PUBLIQUES AURA LIEU

HOTEL DROUOT, Salle N° 4

**Les Mercredi 26 et Jeudi 27 Février 1868**

A DEUX HEURES

---

Par le ministère de Mᵉ **Charles PILLET**, Commissaire-Priseur,
11, rue de Choiseul,
Assisté de M. **Carle DELANGE**, Expert, quai Voltaire, 5.

*Chez lesquels se trouve le présent Catalogue.*

---

EXPOSITION PUBLIQUE

*Le Mardi 25 Février 1868, de une heure à cinq heures.*

---

## CONDITIONS DE LA VENTE

Elle sera faite au comptant.

Les acquéreurs payeront *cinq pour cent* en sus des adjudications.

---

0000. — Paris. imp. de Pillet fils aîné, rue des Grands-Augustins, 5.

# DÉSIGNATION DES OBJETS

## Vases de style oriental

1 — Scyphus, anses surélevées. — Zones de couleurs et palmettes.

2 — Œnochoé. — Zones de couleur brune, terre jaunâtre.

3 — Cylix. — Terre jaunâtre à bandes de couleur rougeâtre.

4 — Œnochoé. — Terre jaunâtre à bandes brunes.

5 — Bouteille. — Bandes brun-rougeâtre.

6 — Amphore. — Filets brun-rougeâtre.

7 — Amphore à rotules. — Losanges de couleur brune. Imité du style oriental.

8 — Scyphus à anses surélevées. — Ornements en couleur brune. Imité du style oriental.

9 — Cylix à couvercle. — Terre jaune, bandes d'un brun rougeâtre. Imité du style oriental.

10 — Scyphus. — Terre jaunâtre, bande brun rougeâtre.

11 — Scyphus. — Terre jaune, bandes et filets rouges.

## Vulci

12 — Scyphus. — Peintures noires sur fond rouge.

Bacchus sur un mulet, devant un satyre dansant, derrière une ménade.

Revers. Bacchus assis sous une treille, à droite un satyre, à gauche une ménade.

Haut., 8 cent.

13 — Amphore. — Guerrier dans un char conduit par un aurige; à côté marche un homme portant son casque, devant une femme regarde, à la tête des chevaux un guerrier armé de toutes pièces.

Revers. Thésée combattant le Minotaure; deux hommes drapés le regardent.

Haut., 42 cent.

14 — Œnochoé. — Peintures noires sur fond blanc.

Thésée combattant le Taureau de Crète.

Très-beau vase.

Haut., 28 cent.

15 — Lecythus. — Peintures noires sur fond blanc.

Ismène puisant de l'eau à la fontaine. Elle vient de placer l'hydrie devant le masque de lion d'où s'échappe l'eau. Au-dessus du rocher est posé un corbeau. Un arbre derrière la fontaine, et Tydée armé de toutes pièces se tient accroupi sous ses branches.

Haut., 26 cent.

16 — Cylix sur pied élevé. — L'extérieur peint en rouge porte des inscriptions grecques.

Diam., 21 cent.

17 — Cylix en terre noire. — L'extérieur rouge est orné de guerriers dansants et de quatre yeux symboliques.

Diam., 285 mill.

18 — Cylix sur pied élevé. — Figures noires sur fond rouge, décoré de palmettes, figures chimériques et autres.

Diam., 21 cent.

# Vases

## à peintures rouges sur fond noir de Vola

19 — Kélébé. — Apollon debout, à côté de lui un palmier placé derrière un autel; il tient une branche de laurier; à droite et à gauche Latone et Diane.

Revers. Trois personnages drapés.

Haut., 36 cent.

20 — Amphore de Nola. — Achille armé de toutes pièces prend congé de Déidamie, debout devant lui et vêtue d'une tunique talaire. Sur le bouclier du héros est un lion courant.

Revers. Lycomède debout et drapé.

Haut., 35 cent.

21 — Amphore de Nola. — Bacchus debout et drapé tenant un thyrse.

Revers. Jeune homme drapé.

Haut., 26 cent.

22 — Amphore de Nola.— Bacchante vêtue d'une tunique et dansant.

Revers. Jeune homme drapé.

Inscription grecque.

Haut., 30 cent.

23 — Amphore. — Ménade tenant une coupe et un thyrse.
Revers. Vieillard chauve appuyé sur un bâton.

Haut., 34 cent.

24 — Amphore. – Ménade tenant une coupe et un vase.
Revers. Vieillard drapé appuyé sur un bâton.

Haut., 34 cent.

25 — Amphore. — Jeune femme tenant un thyrse; vers elle accourt un satyre portant un vase.
Reves Deux éphèbes debout.

Haut., 30 cent.

26 — Hydrie. — Diane ailée; devant elle Apollon tient sa lyre.

Haut., 21 cent.

27 — Amphore pélique. — Jeune homme assis. Devant lui une jeune femme debout. Tous deux semblent discuter.

Revers. Femme tenant deux bourses.

Haut., 33 cent.

28 — Amphore pélique. — Bacchante versant du vin à Bacchus.

Revers. Jeune èphèbe versant du vin à une jeune femme.

Haut., 27 cent.

29 — Vase en forme d'outre. — D'un côté un jeune homme tenant un vase, regarde une jeune femme qui tient un miroir.

Revers. Jeune cavalier.

Haut., 23 cent.

30 — Canthare de Nola. — D'un côté un satyre ivre et ithyphallique, de l'autre une bacchante vue de face assise sur un rocher. Sur le fond l'inscription : **ΚΑΛΟΣ ΚΑΛΗ.**

Haut., 15 cent.

31 — Canthare de Nola. — Sur la panse, Bacchus debout tenant le thyrse, regarde Silène tenant un vase.

Même revers.

Haut., 13 cent.

32 — Canthare. — Terme ithyphallique.

Même revers.

Haut., 8 cent.

33 — Lecythus. — L'Amour volant.

Haut., 19 cent.

## Vases de Gnatia

34 — Œnochoé. — A col allongé et ouverture en trèfle étroite Sur la panse, Pégase peint en blanc sur le fond noir ; ornements et palmettes.

A la naissance de l'anse un mascaron en relief.

35 — Autre semblable.

Haut., 35 cent.

36 — Oxybaphon. — Décoré de trois zones d'ornements en blanc et d'une guirlande de feuilles ; les anses formées par des têtes de lion.

Haut., 26 cent.

37 — Calpis. — Sur la panse une palmette en blanc.

Haut. 19 cent.

38 — Œnochoé. — Sur le col une guirlande peinte en blanc ; la panse couverte de godrons. A l'embouchure un mascaron blanc en relief.

Haut., 26 cent.

39 — Œnochoé. — Décor de fleurs et feuillages blancs et rouges.

Haut., 18 cent.

40 — Œnochoé. — Ouverture en trèfle, panse godronnée décorée de guirlandes et d'un masque, la naissance de l'anse ornée d'un mufle de lion.

Haut., 27 cent.

41 — Deux Œnochoés. — Ouverture à trèfle, décor de guirlandes de feuillages.

42 — Amphore pélique. — Décorée de guirlandes ; sur le devant une lyre.

Haut., 28 cent.

43 — Aryballos. — A godrons, anse terminée par une tête; décor de guirlandes avec un oiseau.

44 — Trois scyphus. — Décorés de guirlandes de feuillages.

45 — Amphore pélique. — Décor de guirlandes avec une colombe tenant une couronne.

46 — Cratère. — Décor de feuillages, panse godronnée, anses formant nœuds.

## Vases d'Apulie

47 — Amphore. — Jeune guerrier assis sous un édifice; sur le devant une tête, le reste du vase décoré de palmettes.

Revers. — Tête de femme.

Haut., 45 cent.

48 — Amphore. — Un guerrier casqué et appuyé sur sa lance, se tient debout devant une femme vêtue de la tunique talaire, tenant d'une main un fouet et de l'autre lui présentant des tablettes. De chaque côté deux colonnes.

Revers. — Deux personnages drapés.

Beau vase.

Haut., 52 cent.

49 — Amphore d'Apulie. — Sur la panse divisée en deux registres, deux sujets : l'un, Vénus tenant une boîte de toilette, et l'Amour tenant un miroir; l'autre, Europe s'apprête à monter sur le taureau.

Revers. — Deux personnages drapés.

Sur le col une tête de femme.

Pièce curieuse de forme.

Haut., 73 cent.

50 — Amphore pélique. — Jeune guerrier, probablement Achille, portant sur son bouclier un centaure; il prend congé d'une jeune femme qui lui verse à boire.

Revers. — Deux éphèbes.

Haut., 74 cent.

51 — Amphore pélique. — Quatre éphèbes debout dans diverses attitudes.

Revers. — Éphèbe.

Haut., 23 cent.

52 — Amphore pélique. — Un jeune homme debout offre

une colombe à une jeune fille vêtue d'une tunique et tenant une boîte de toilette. Entre eux une vasque.

Revers. — Deux personnages drapés.

Haut., 39 cent.

53 — Amphore pélique. — Bacchus jeune, assis, tenant un plateau devant lui; une jeune femme debout tenant un miroir.

Revers. — Deux éphèbes drapés.

Haut., 38 cent.

54 — Amphore pélique. — Les Grâces à leur toilette; au centre, l'Amour debout sur une vasque, tient au-dessus de sa tête un vase et verse de l'eau. A gauche, une suivante.

Revers. — Vénus assise, tenant un vase; derrière elle l'Amour, devant un jeune éphèbe tenant un tympanum.

Haut., 32 cent.

55 — Cratère. — De forme élevée; il est décoré de deux anses à sa base. — Trois jeunes hommes vêtus du costume troyen, dont un monté sur un griffon, poursuivent une jeune femme.

Revers. — Trois éphèbes drapés.

Haut., 37 cent.

56 — Aryballos. — Vénus à sa toilette; devant elle l'Amour, derrière une suivante.

Revers. — Palmettes.

Haut., 32 cent.

57 — Amphore à anses contournées. — Édifice; au centre une tête de femme.

58 — Œnochoé. — A col allongé et ouverture en trèfle; l'Amour assis, tenant un plateau; devant lui, une jeune femme tient un miroïr.

Revers. — Tête de femme.

Haut., 35 cent.

59 — Œnochoé. — A col allongé et ouverture en trèfle; sur la panse, une tête de femme vue de face.

Revers. — Tête de femme de profil.

Haut., 35 cent.

60 — Œnochoé. — A col allongé et ouverture en trèfle. — Une jeune fille assise, tenant un miroir; devant elle, l'Amour, debout, tenant un tympanum, la regarde.

Revers. — Palmettes.

Haut., 27 cent.

61 — Œnochoé. — A col allongé et ouverture en trèfle. — L'Amour appuyé sur une vasque. Une jeune fille semble lui offrir un oiseau; au-dessus, une colombe portant une couronne.

Revers. — Palmettes.

Haut., 27 cent.

62 — Œnochoé. — Jeune femme tenant d'une main une boîte de toilette, de l'autre un flambeau.

Haut., 22 cent.

63 — Oxybaphon. — Jeune femme tenant un thyrse et un vase. Derrière elle, un jeune homme tient un flambeau.

Revers. — Deux éphèbes drapés.

Haut., 31 cent.

64 — Oxybaphon. Festin. — Trois hommes couchés sur des lits; à côté d'eux, de jeunes femmes jouent des instruments.

Revers. — Trois éphèbes drapés.

Haut., 35 cent.

65 — Oxybaphon. — Ménade debout, tenant un thyrse; devant elle, un satyre joue de la lyre.

Revers. — Deux éphèbes drapés.

Haut., 30 cent.

66 — Oxybaphon. — Bacchus tenant un thyrse et une couronne poursuit une Ménade tenant une boîte de toilette.

Revers. Deux éphèbes drapés.

Haut., 30 cent.

67 — Oxybaphon. — Satyre tenant un thyrse et poursuivant une femme tenant un vase et un flambeau.

Revers. Deux éphèbes drapés.

Haut., 25 cent.

68 — Kélébé. — L'Amour assis, tenant un plateau, regarde une jeune femme debout devant lui, tenant un miroir et un vase.

Revers. Tête de femme.

Le col est décoré d'une guirlande de lierre.

Haut., 46 cent.

69 — Canthare. — Bacchus et Silène.
Revers. Deux éphèbes.

Haut., 16 cent.

70 — Canthare. — Jeune femme assise tenant une couronne.

Revers. Éphèbes debout.

Haut., 15 cent.

71 — Canthare. — Jeune homme à cheval tenant un drapeau.
Revers. Deux éphèbes drapés.

Haut., 24 cent.

72 — Canthare à anses surélevées. — Jeune femme assise tenant une boîte de toilette.

Revers. Buste de femme.

Haut., 30 cent.

73 — Stamnos apulien. — Jeune femme tenant un miroir.
Revers. Jeune femme tenant une boîte de toilette.

Haut., 27 cent.

74 — Candélabre. — La tige ainsi que le pied sont décorés de palmettes et de figures de femme.

Haut., 26 cent.

75 — Trois œnochoés à col allongé, ouverture en trèfle. — Sur la panse une tête de femme.

Revers. Palmettes.

Seront divisées.

Haut., 25 cent.

76 — Grand plat à deux anses. — Au centre une tête de femme.

Diam., 26 cent.

77 — Plat à deux anses. — Femme assise; l'Amour la regarde.

Diam., 40 cent.

78 — Plat sans anse. — Néréide sur un poisson.

Diam., 22 cent.

79 — Plat sans anse. — Néréide sur un cheval marin.

Diam., 22 cent.

80 — Plat sans anse. — Tête de femme et palmettes.

Diam., 23 cent.

81 — Calpis. — Jeune homme assis tenant un plateau, devant lui une jeune femme dansant.

Haut., 22 cent.

82 — Aryballos à panse écrasée. — Sur le devant une jeune femme tenant un plateau.

Haut., 11 cent.

83 — Œnochoé à large ouverture à anse formant un nœud. — Sur le devant une tête de femme.

Haut., 15 cent.

84 — Oxybaphon. — Jeune femme assise tenant une boîte de toilette.

Revers. Jeune homme tenant un plateau.

Haut., 18 cent.

85 — Six amphores péliques. — Sujets variés.

Seront divisées

86 — Plat décoré de poissons.

## Vases de formes singulières

8 — Rhyton à deux anses, à col évasé, en forme de proue de galère. — A droite et à gauche un dauphin; sur le col deux têtes.

Pièce de la plus grande rareté; aucun analogue n'existe dans la collection de Rhytons du Musée Bourbon de Naples.

88 — Rhyton à une anse, col évasé.— Un Éthiopien combattant un crocodile. Le groupe en terre cuite, le col du vase seul en terre noire vernie.

89 — Rhyton.— Tête de chèvre. Le col orné de palmettes et d'une tête de femme.

90 — Rhyton en forme de tête de femme. — Sur le col la Victoire assise.

Haut., 19 cent.

91 — Vase en forme de tête de jeune homme, à large ouverture. — Sur le col un jeune enfant faisant plier un arbuste.

92 — Vase en forme de tête de femme.

93 — Vase en forme de grenouille. — Terre rouge, col noir.

94 — Vase de forme aplatie représentant une tête de sanglier. — Terre noire, en relief seulement d'un côté.

## Divers

95 — Trois cent cinquante pièces environ, en terre vernie et non vernie, avec et sans peintures, de fabriques, formes et grandeurs diverses. Amphores, cylix, scyphus, guth, aryballos, etc.

Seront vendues par lots.

96 — **Peinture antique** (fresque sur fond rouge).

*Intérieur d'une courtisane.* — Elle est assise près d'une table sur laquelle sont des objets de toilette; une suivante lui tient un miroir, une autre lui présente un collier qu'elle sort d'un écrin; debout derrière elle, un personnage barbu et chauve, dont les traits rappellent ceux de Socrate, semble lui adresser la parole.

Peut-être Socrate chez Aspasie.

Hauteur (du sujet), 37 cent.; larg., 43 cent.

Ce fragment, rare et curieux par le sujet, provient de la collection Campana.

97 — Écran de théâtre en marbre (forme carré long). — Sur la face principale, sculptés en haut relief, deux masques scéniques avec divers attributs.

Au revers un dragon marin percé d'une flèche.

Haut., 30 cent.; larg., 35 cent.

98 — Deux étriers en forme de chaussure en bronze antique. Pièces de la plus grande rareté.

99 — Statuette en bronze antique représentant Hercule jeune, debout, et vêtu de la peau du lion.

100 — Deux belles anses de vase en bronze terminées par des palmettes.

101 — Pied de vase en forme de griffe surmonté d'un lion rampant. Bronze.

102 — Tête d'animal chimérique en bronze, ayant servi de goulot à un vase.

103 — Deux fragments bronze égyptien, dont l'un incrusté d'or.

104 — Sceau en terre émaillé.

105 — Divers objets en bronze antique, patères, fragments, anses, etc.

Seront divisés.

106 — Masque scénique en terre cuite avec des restes de coloration.

107 — Antefixe en terre cuite, tête de femme.

108 — Vingt-quatre figurines et animaux en terre cuite.
Seront divisés.

108 *bis* — Divers fragments en terre cuite.
Seront divisés.

# MÉDAILLES

---

## Consulaires

1 — **Antonia**. Restitution d'Antonin.

Cohen, pl. XLV, n. 20. Æ.

2 — **Antonia**. Têtes accolées de Marc Antoine et d'Octavie.

Cohen, pl. IV, n. 27. Médaillon d'argent.

Très-bel exemplaire.

3 — **Antonia**. ANTONI ARMENIA DEVICTA. Tête de Marc Antoine.

℞. CLEOPATRAE REGINAE REGVM FILIORVM REGVM. Tête de Cléopâtre.

Cohen, pl. V, n. 37. Æ.

4 — **Carisia.** Tête de Diane.

℞. T. CAR. Chien courant.

Cohen, pl. X, n. 5. Quinaire. Æ.

5 **Clodia.** Tête radiée du Soleil.

℞. P. CLODIVS. M. F. Croissant entre cinq étoiles.

Cohen, pl. XII, n. 7. Or.

Magnifique exemplaire.

6 — **Cordia.** MV. CORDI. Tête de Junon.

℞. RESTI. Autel ou cippe.

Quinaire argent, unique et inédit.

7 — **Cornelia.** BRVTVS. Hache, simpulum et suespita.

℞. LENTVLVS. SPINT. Præfericulum et lituus.

Cohen, pl. XV, n. 26. Æ.

Magnifique exemplaire.

8 — **Cornelia.** Tête de Sylla.

℞. Tête de Pompéius Rufus.

Cohen, pl. XV, n. 19. Æ.

9 — **Domitia.** OSCA. Tête barbue à droite.

Æ. DOM. COS. ITER. IMP. Simpulum, aspersoir, hache et bonnet de flamine.

Cohen, pl. XVII, n. 7. Æ.

10 — **Horatia.** COCLES. Tête de Pallas.

℞. IMP. CAES. TRAIAN. AVG. GER. DAC. P. P. REST. Les Dioscures à cheval ; à l'exergue ROMA.

Cohen, pl. XLIV, n. 29. Æ.

Restitution.

11 — **Julia.** CAES. DIC. QVAR. Tête diadémée de Vénus.

℞. COS. QVINQ. Dans une couronne de laurier.

Cohen, pl. XX, n. 19. Or.

12 — **Maria.** AVGVSTVS. Tête nue d'Auguste.

℞. C. MARIVS. TRO. III. VIR. Tête de Julie.

Cohen, pl. XXVII, n. 9. Æ.

13 — **Sanquinia.** DIVI. F. AVGVSTVS. Tête nue d'Auguste.

℞. M. SANQVINIVS. III. VIR. Tête de Jules César.

Cohen, pl. XXXVI, n. 1. Æ.

14 — **Servilia.** LEIBERTAS. Tête de Liberté.

℞. CAEPIO BRVTVS. PRO. COS. Lyre entre le plectrum et un rameau.

Cohen, pl. XXXVIII, n. 7. Æ.

Fleur de coin.

15 — **Sulpicia.** CÆSAR. AVGVSTVS. Tête d'Auguste.

℞. C. SVLPICIVS PLATORIN. Auguste et Agrippa assis.

Cohen, pl. XXXVIII, n. 6. Æ.

16 - **Campanie.** Double tête imberbe.

℞. Jupiter dans un quadrige au galop.

Cohen, pl. XLIII, n. 4. Or.

## Grecques

17 — **Héraclée.** HPAKAHIΩN. Tête casquée de Minerve à droite.

℞. Hercule debout tenant la massue et la peau du lion. Dans le champ, un cippe. Æ. 5.

18 — **Métaponte.** ΛΕΥΚΙΠΠΟΣ. Tête casquée et barbue à droite.

℞. META. Épi de blé. Æ. 5.

19 — **Vélia.** Tête casquée de Pallas à droite.

℞. VEΛHTΩN. Lion dévorant un cerf. Æ. 5.

20 — **Vélia.** Tête casquée de Pallas à droite.

℞. YEΛHTΩN. Lion marchant à droite, dans le champ un épi et la lettre Γ. Æ. 5.

21 — **Gelas.** Tête d'Apollon.

℞. ΓΕΛΑΣ. Taureau à droite. B. 4.

22 — **Leontini**. Tête d'Apollon à droite.

℞. ΛΕΟΝΤΙΩΝ. Tête de lion. à droite, entre quatre grains d'orge. Æ. 6.

23 — **Selinus**. ΣΕΛΙΝΟΝΤΙ. Apollon et Diane dans un char. Æ. 8.

24 — **Syracuse**. Tête de Cérès à gauche, entourée de dauphins.

℞. Quadrige. Grand médaillon. Æ.

25 — **Syracuse**. ΣΥΡΑΚΟΣΙΩΝ. Tête de Pallas, vue de face entre quatre dauphins.

℞. ΣΥΡΑΚΟΣΙΩΝ. Mars combattant. Æ. 4. Rare.

26 — **Selge**. Deux lutteurs. Dans le champ les lettres ΙΟ.

℞. Homme debout tournant sa fronde **ΓΕΔΗΥΣ** et les triquètres. Æ. 5.

27 — **Agathocles**. ΚΟΡΑΣ. Tête de Cérès à droite.

℞. ΑΓΑΘΟΚΛΕΟΣ. Victoire à droite érigeant un trophée. Æ. 7.

28 — **Philistis**. Tête diadémée.

℞. **ΒΑΣΙΛΙΣΣΑΣ ΦΙΛΙΣΤΙΔΟΣ**. Quadrige marchant à droite. Æ. 7.

29 — **Pyrrhus**. Tête d'Apollon à gauche.

℞. **ΒΑΣΙΛΕΩΣ ΠΥΡΡΟΥ**. Minerve debout à gauche. Æ. 4.

30 — **Thèbes.** Bouclier béotien.

℞. ⊕ au centre d'une croix en creux. Æ. 3. Ancien type.

31 — **Cyme.** Tête de femme à droite.

℞. ΚΑΛΛΙΑΣ. ΚΥΜΑΙΩΝ. Cheval marchant, dans le champ, un vase; autour une couronne. Æ. 8.

32 — **Athènes.** Tête casquée de Minerve à droite.

℞. ΑΘΕ. ΜΙΚΙ. ΘΕΟΚΡΑ. Chouette de face, posée sur une amphore; dans le champ un quadrige, au-dessous deux lettres ΑΠ.

Tétradrachme. Æ.

33 — **Crète.** Hercule combattant.

℞. Taureau marchant à droite. Æ. 8. Rare.

34 — **Pixodare,** roi de Carie. Tête du Soleil de face.

℞. ΠΙΞΟΔΑΡ. Jupiter labrandéen marchant à droite. Æ. 5. Rare.

35 — **Cyzique.** Sphinx à tête de femme; dans le champ une fleur de lotus.

℞. Carré creux. Or. 5.

36 — **Agésilas.** Α. Ρ. Ρ. ΜΑΚΕΔΟΝΩΝ. Tête d'Apollon à droite.

℞. ΑΕΣΙΛΑΣ. Siége, massue et cippe dans une couronne. Æ. 8.

37 — **Amyntas.** Tête de Minerve casquée à droite.

℟. ΒΑΣΙΛΕΩΣ ΑΜΥΝΤΟΥ. Victoire marchant à gauche. Æ. 7.

38 — **Seleucus.** Tête d'Hercule coiffé de la peau du lion.

℟. ΣΕΛΕΥΚΟΥ ΒΑΣΙΛΕΩΣ. Jupiter assis tenant sur sa main un aigle. MP. AV. Æ. 8.

39 — **Cléopatre et Antiochus VIII.** Têtes accolées de Cléopatre et d'Antiochus, l'une voilée et l'autre diadémée.

℟. ΒΑΣΙΛΙΣΣΗΣ ΚΛΕΟΠΑΤΡΑΣ. ΘΕΑΣ. ΚΑΙ. ΒΑΣΙΛΕΩΣ ΑΝΤΙΟΚΟΥ. Jupiter assis. Æ. 9.

40 — **Antigone.** — Tête du roi, à gauche, sur un bouclier.

℟. ΑΝΤΙΓΟΝΟΥ. ΒΑΣΙΛΕΩΣ. Minerve marchant à gauche. Æ. 9.

41 — **Ptolémée Soter.** Tête du roi à droite.

℟. ΠΤΟΛΕΜΑΙΟΥ. ΣΩΤΗΡΟΣ. Aigle sur une foudre; au-dessous, les lettres ΠΓ. Æ. 8.

42 — **Artaxerxès Ier.** Le roi dans un char conduit par un aurige, derrière un jeune homme.

℟. Galère. Æ. 8.

43 — **Carthage.** Tête d'Hercule coiffé de la peau du lion à droite.

℟. Buste de cheval; à gauche, dans le champ, un palmier et une inscription punique. Æ. 6.

44 — **Carthage.** Tête d'Hercule; à droite, sur la joue, une lettre punique.

R/. Buste de cheval; à gauche, dans le champ, un palmier. Æ. 6.

45 — **Carthage.** Tête de Cérès à gauche, entre deux dauphins.

R/. Buste de cheval à gauche; dans le champ, un palmier. Æ. 6.

46 — **Médaillon contorniate.** — DIVO NERVA ET TRAIANO. Tête de Trajan.

R/. Scène nautique. B.

47 — DIVO NERVA ET TRAIANO. Tête de Trajan. Dans le champ, monogramme en creux.

R/. Courses de quadriges au cirque. B.

48 — IMP. NERO. CAESAR. AVG. P. MAX. Tête de Néron.

R/. Esculape assis; devant lui un serpent. B.

49 — IMP. CÆSAR. HADRIANVS. AVG. COS. III. P. P. Tête d'Hadrien à droite.

R/. Deux guerriers à cheval et un à pied, tournés sur la droite.

Médaillon B .

---

www.ingramcontent.com/pod-product-compliance
Ingram Content Group UK Ltd.
Pitfield, Milton Keynes, MK11 3LW, UK
UKHW021027260726
13994UKWH00005B/2002

9 782329 499864